Ubuntu, Madiba!

Regina Gonçalves

Ilustração: Alexandre Camanho

1º edição

Editora Viajante do Tempo

Rio de Janeiro

2018

Ilustrações: Alexandre Camanho
Diagramação e preparação de originais: Vanessa Rosa
Edição: Regis L. A. Rosa

www.viajantedotempo.com editoraviajantedotempo@gmail.com

CIP-BRASIL. CATALOGAÇÃO NA PUBLICAÇÃO
SINDICATO NACIONAL DOS EDITORES DE LIVROS, RJ

G629u

Gonçalves, Regina, 1963-
Ubuntu, Madiba! / Regina Gonçalves ; ilustração Alexandre Camanho. - 1. ed. - Rio de Janeiro : Viajante do Tempo, 2018.
24 p. : il. ; 24 cm.

ISBN 978-85-63382-81-8

1. Poesia. 2. Literatura infantil brasileira. I. Camanho, Alexandre. II. Título.

18-52698 CDD: 808.899282
CDU: 82-93(81)

Leandra Felix da Cruz - Bibliotecária - CRB-7/6135

Ubuntu, Madiba!

Regina Gonçalves

Ilustração: Alexandre Camanho

OLHA A CHUVA E O VENTO!
ESTOU COBERTO DE FRIO.
OBA! QUE SORTE EU TENHO,
DESCOBRI UM BELO PLANTIO.

CHEGUEI ATÉ UM BOM ABRIGO.

TINHA FEIJÃO, ABÓBORA E MILHO.

COMI CARNE DE CARNEIRO COZIDO,

OFERECIDO POR UM POVO AMIGO.

AS CRIANÇAS,

AGITADAS E CURIOSAS,

VOAVAM COM MINHAS HISTÓRIAS,

CAÍAM NA GARGALHADA

COM MINHAS DANÇAS

E MINHA MÚSICA ENGRAÇADA.

PASSEI DIAS AJUDANDO E ME DIVERTINDO,

MAS UM DIA SURGIU UM **SOL** SORRINDO,

CONVIDOU-ME A SEGUIR MEU CAMINHO.

PARA AGRADECER O TEMPO DE VISITA,

FIZ UM DOCE SOCADO NO PILÃO.

COLOQUEI O DOCE NUMA CESTA FEITA À MÃO,

ENFEITADA COM UM LAÇO DE FITA.

PROCUREI AS CRIANÇAS E, DE REPENTE,

RESPIREI FUNDO E GRITEI:

"QUEM CHEGAR PRIMEIRO AQUI

VAI GANHAR UM LINDO PRESENTE!"

QUE INCRÍVEL O QUE VI!

A CRIANÇADA CORREU TODA JUNTA

E **REPARTIRAM** O PRÊMIO ENTRE SI.

ABOBALHADO, FIZ UMA PERGUNTA:

— POR QUE CORRERAM DE MÃOS DADAS?

SE ESTIVESSEM AFASTADAS,

O VENCEDOR GANHARIA O QUE EU TROUXE,

COMERIA TODO O MILHO DOCE.

RESPONDEU A MENINA:

— **UBUNTU**, AMIGO MADIBA.

COMO PODERIA SORRIR COM ESSA PRENDA

CERCADA POR UMA TRISTEZA IMENSA?

QUE IDEIA BOA É ESSA!

NÃO É QUE ELA ESTÁ **CERTA**?

A CRIANÇADA SOLTOU A VOZ:

"UBUNTU!

EU SOU FELIZ PORQUE NÓS SOMOS!"

ENTÃO, EU AGORA ENTENDO

E DESEJO AOS QUE ESTÃO LENDO:

UBUNTU, UBUNTU!
PRA TODOS NÓS!

UBUNTU (pronuncia-se uBUNtuu) é uma palavra dos povos Bantos; na África do Sul, nas línguas zulu e xhosa (lê-se cosa), significa: "Eu sou porque nós somos" ou "Eu só existo porque nós existimos". UBUNTU significa generosidade, solidariedade, amizade, compaixão, respeito e o desejo sincero de felicidade e harmonia entre os seres humanos. A ideia principal é que não se pode existir como um ser humano isoladamente.

Nelson Mandela era de etnia Xhosa, ele nasceu na vila de Mvezo, no dia 18 de julho de 1918. Tornou-se um líder conhecido por outros nomes, como Madiba (o nome do clã Thembu ao qual Mandela pertence) ou Tata, que significa pai em Xhosa. A África do Sul era governada pelo sistema de apartheid, que significa "vida separada", um regime de segregação racial. Por seus protestos contra essa segregação, Mandela passou 27 anos preso, mas acabou tornando-se o primeiro presidente negro eleito na África do Sul. Governou até 1999, sendo o principal responsável pelo fim do regime que negava aos negros da África do Sul os seus direitos. Foi o vencedor do Prêmio Nobel da Paz de 1993 e morreu aos 95 anos. Divulgou e seguiu a ideia de UBUNTU: somos humanos quando pensamos na felicidade e respeito de todos. **UBUNTU: EU SOU PORQUE NÓS SOMOS!**

Borboletas azuis

Borboletas são consideradas como um símbolo do amor e metamorfose. Possuem a capacidade de crescer, transformar e evoluir, deixando a segurança de seu casulo para descobrir um novo mundo em uma nova forma, sem medo, dançando entre as flores, celebrando a vida. A Borboleta Azul possui vários significados em diferentes culturas, sempre associada aos processos de alegria, sorte, viagem, renovação e libertação.

Autora **REGINA GONÇALVES**

Adoro viajar e aprender sobre História, Arte e Ciência. Sou autora da série "Caio Zip, o Viajante do Tempo". Esta série brasileira foi publicada na China e na Coreia do Sul e tem como ideia básica entrelaçar ciência, arte e história mundial e do Brasil com muitas batalhas, enigmas e mistérios. Também escrevi os livros infantis: "Luzia Reluzia Poesia", "Deu Branco" e "EcoZooBol".

Ilustrador **ALEXANDRE CAMANHO**

Junto comigo nasceu um desejo incontrolável de desenhar. Depois de muito rabiscar, fui estudar desenho e gravura e mais tarde entrei no curso de Artes Plásticas da Universidade de São Paulo. Como ilustrador, tenho realizado trabalhos para jornais, revistas e diversas editoras. Recebi a menção Altamente Recomendável de Ilustração pela FNLIJ e tive livros aprovados em planos governamentais. Fui agraciado com o Prêmio Jabuti em 2015, na categoria de ilustração em livros infantis.